どうしてますか？
手づかみ食べ

自分で食べるはじめの一歩

編著 山崎祥子
食べもの文化編集部

芽ばえ社

目次

自分で上手に食べるようになるために 8

らく相談室・言語聴覚士　山崎祥子

手づかみ期の気になるQ＆A　82

らく相談室・言語聴覚士　山崎祥子

自分で上手に食べるようになるために

らく相談室・言語聴覚士　山崎祥子

はじめに

摂食機能の発達は、口腔機能だけでなく、さまざまな発達に支えられています。食べる子どもと食べさせる大人との「コミュニケーション」、手づかみや食具の扱いを支える「姿勢や手指の運動」、周りの人の食べる様子に興味をもったり相手からの働きかけを受け入れる「対人・社会性」、見る・見分けるなど、それが何かわかるさまざまな「認知」などと共に発達していきます。これらの獲得は、食事場面だけでなく、日常生活や遊びの中で、はぐくまれていきます。

発達は階段のように一段ずつ上がるというより、次に上る準備をしてそれが充実したら次の段階にいきます。発達の前にその条件づくりをしているのです。

離乳食開始時はスプーンで食べさせてもらいます。中期食から後期食に進むにつれ、大人が使う食具もスプーンだけでなくフォーク、箸へと広がっていきます。

自分で食具を使って上手に食べるには、長い過程が必要です。「手づかみ食べ」は、自分で食べるはじめの一歩、今回は自分で食べることのはじまりである手づかみ食べの発達や、手づかみ食べが食具の使用の前提であり、共に発達する様子について述べていきたいと思います。

新生児期から5、6か月まで

赤ちゃんは胎児の頃から自分の手を口に持っていきます。最近はエコー検査で赤ちゃんが指吸いでもしているかのような姿を見たご両親も多いことでしょう。

新生児は手が唇に触れると反射で吸うのもみられます。乳首はもちろん、ママの手、枕の横にあったガーゼなど、さまざまなものを吸ってみます。やがて、ものを握れるようになると、タオルやガーゼでつくった布製のおもちゃ、木やプラスチックのかたいもの、ザラザラ、フワフワといろいろな触感のものを口にもっていきます。

舌は吸うための動き以外は自在にはできません。しかし、この時期に自分の手が入れば、舌は手の感触だけでなく、手の塊が入ることで舌が押されて動くことを経験することになります。離乳食を食べることへの準備がはじまっているのです。

大人に食べさせてもらう離乳初期

離乳食の最初は、大人から食べさせてもらいます。「食べさせる・食べる」という赤ちゃんと大人の共同作業であり、食べものだけに興味が向いているのではなく、互いにリズムやテンポを合わせて通じ合う関係の中で食べるのです。誰に食べさせてもらうのか、何を食べさせてもらうのか、信頼関係の中で食事がはじまります。

離乳食の初期は少しとろみのあるものから、やがてドロドロしたものになっていきます。スプーンでないと、口に入れてあげることはできません。

また、スプーンが口に触れたら口を閉じてしまうようでは、離乳ははじまりません。赤ちゃんは離乳食がはじまる前に、自分の手や足、おもちゃなど、いろいろなものを口に入れてなめたり、歯ぐきに触れることでその感覚を楽しんでいるようです。これができてこそ、ママがスプーンで運ぶ離乳食も受け入れられます。

また、口に入ってきた離乳食を、舌の動きで口の前方から後方へ送れるようになり、唇を閉じてとろみのある離乳食をゴックンと飲み込む成人嚥下を学習していきます。サラサラの乳汁を、乳首をくわえて飲む乳児嚥下とは、飲み方が違います。

離乳食のはじまる時期には個人差もありますが、5、6か月の赤ちゃんなら、そばに置いてある食器をつかんだり、ひっくり返されたり油断できません。大人にとっては、こういう困った行動も、次の手づかみ食べへの大切な過程です。

自分で食べてみたい離乳中期

●手づかみ食べのはじまり

離乳中期の終わり頃から、自分で食べようとする「手づかみ食べ」がはじまります。手づかみ食べをするということは自食に向けてのステップのはじまりです。スプーンで受動的に食べさせてもらっていたのが、自分から手でつかみはじめるのです。食べものへ興味をもってきたのです。両親やきょうだいの食べているものを見て、その様子から自分でも食べものに触りたがります。

食べものをつかむには、手指の発達も欠かせません。指先は肘や手の動きの発達に支えられてだんだん器用になるので、口に入れるために指先で適量つまめるまでには時間がかかります。そもそも離乳中期の頃は舌と上顎で押しつぶせる1センチくらいの小さいやわらかい固形で、とろみがついているものも多く、つまむのは難しいのです。茶碗や皿の中に手を突っ込まれてあわてることがしばしばですが、触ること自体が上手につかめることを支えます。

この頃は手全体でつかむので手のひらの中に食べものが隠れてしまいます。そこで、手全体を口に押しつけて押し込むようなことになるところからはじまります。食器をつかんで引き寄せたり、つかんだ食べものを口に押し込んだりするので、目が離せません。こんなことを繰り返す中で、自分でちょうどよいくらいの量を加減する、食べものを口の中の手前（舌の前方）に入れることなどを、大人の援助もあって学びはじめる時期です。

食事の大半は大人の介助によりますが、安全に手づかみ食べを促すためには、つかみやすいサイズ、やわらかい固形物や口どけのよい形あるものを、食事やおやつに加えることです。たとえば、赤ちゃん用煎餅やボーロ、やわらかく煮たいもや大根、かぼちゃもおすすめです。舌で押しつぶせるやわらかさで、なおかつ、つかみやすい食べものからはじめましょう。つめこみすぎなど、危険がないようよく見ていてあげましょう。

●中期食の頃の口の動き

中期食の口の動きを見てみましょう。食べものが口に入ると、そのまま飲み込める初期食のようなポタージュスープ状のものは飲み込む、そのままでは飲み込めない形のあるものは感知し、舌で食べものを上顎に押しつけてつぶそうとします（押しつぶし嚥下）。このように舌がセンサーとなり押しつ

ぶせるように働くには、口腔の容積が広いこと、舌の動きを支える頭部や体幹など姿勢の安定も必要です。抱っこであれ椅子であれ、背中が立つよう骨盤をしっかり支えましょう。この時期は肩・肘の運動で手が動きます。よい姿勢が手づかみ食べを支えます。

大人がスプーンで食べさせる時には、口の中にスプーンの先のボール（くぼんだ丸い部分）全体を入れましょう。子どもが唇を「ｍｍｍ……」と閉じてからスプーンを引き抜けば、上唇でスプーンの食べものをこそげとることができ、食べものは舌の前方にのり、押しつぶし嚥下が可能になります。「あーん」と大きく開けたままで食べものを口の中に置こうとすると、食べものは舌の奥に置かれやすいので、すぐ飲み込まれることになり、押しつぶし嚥下ができません。手づかみ食べでも、口の奥に突っ込めば、えづくなど自分で気づいていきます。唇や顎ではさんで切れば舌の前方にのることや、手でも前方に入れることを徐々に学んでいきます。

	離乳初期 5～6か月頃	離乳中期 7～8か月頃	離乳後期 9～11か月頃
口唇の動き	口をとじて飲む 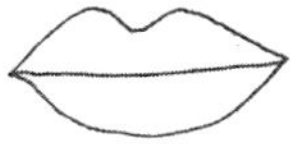 口角は動かない	口角が左右にひかれる 	そしゃくしている側の口角がひかれる 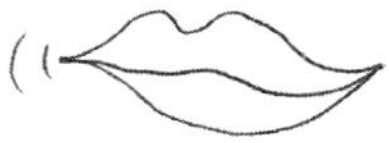
口唇閉鎖《こうしんへいさ》	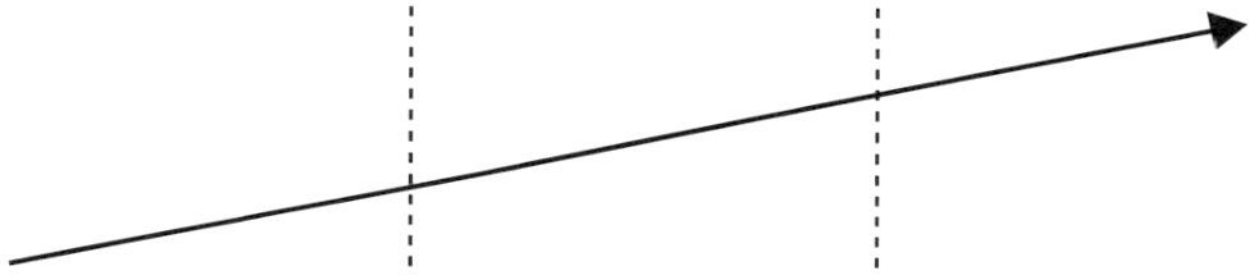		
舌の動き	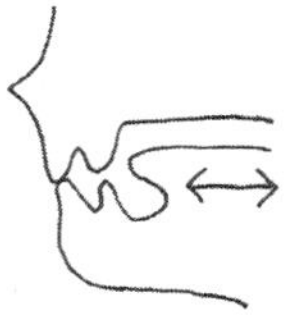 前後に動く	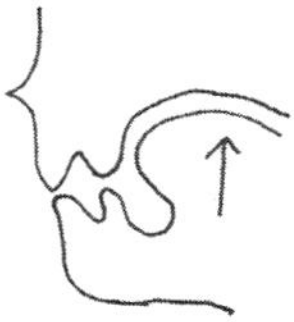 上下に動く	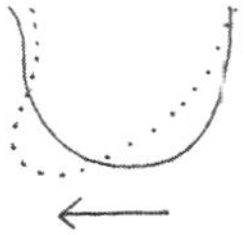 左右に動く
離乳食	初食期 タラタラペースト状 ↓ ドロドロジャム状	中食期 舌で押しつぶせる豆腐くらいのやわらかさ、トロミやソースが必要。	後食期 歯ぐきでつぶせる軟固形、ひと口大の大きさへ。

図1　唇や下の動きと離乳食のめやす

「かみかみ」のはじまり離乳後期

●スプーンで上手に食べるには、手づかみ食べから

離乳中期の終わり頃からはじまった手づかみ食べは1歳半から2歳頃まで、スプーンやフォークが上手になるまでは中心となる食べ方です。食具の使用が上手になっても焼きいも、大きな唐揚げ、パンなどはもちろん手づかみです。

さて、前歯が萌出する1歳前後の赤ちゃんはおもちゃかみで、おもちゃの材質、サイズ、食感などを楽しみながらその性質を学習していきます。こういう遊びも上手に食べることへとつながっていきます。たとえば、手づかみ食べをはじめたばかりの頃は、小指の側から手のひら全体でつかんだ食べものを手当たり次第、手のひらで口に押し込むので、こぼれるほうが多かったり、大きなままで口に押し込んで目を白黒させていました。やがて、口に入れやすい手のつかみ方、量の加減、口に上手に運べることができるようになります。

手づかみ食べでは、一口より大きい目のサイズのほうが前歯で噛み切って、舌の前方に自分でのせることができやすいです。自分で噛み切った食べものは舌の前方にの

り、舌の先を側方に動かし左右の奥歯の位置に運ぶことができます。これが、歯ぐきで食べものをつぶす「噛む」という行為につながります。

後期のはじめの頃は奥歯がまだ芽生えていないので、かたくなった歯ぐきで食べものをつぶします。唾液と混ぜて食塊をつくり、飲み込みやすくするのはまだ上手ではないので、やわらかでジューシーな根野菜の煮物などが食べやすい時期です。

さて、スプーンやフォークを持ちはじめたこの頃は、口に運べたとしてもうまく舌の前方にのるとは限りません。舌の後方に入った大量の食べものは丸呑みされかねません。

手づかみ食べとスプーンの使用は食べものによって使い分けたり、併用がおすすめです。

後期になると食事は、どろどろのスープもあれば野菜の塊やパン、いも、麺類など広がります。手づかみもよし、フォークのほうが食べよい、スプーンでないとすくって食べられないものなど、食材・調理と食具の関係も学習していく時期です。

手づかみ食べが苦手な子もいます

手づかみ食べは、食べものの性質（かたさ）、量の加減、手が口に向けてうまく運べる、口の中のどの位置に入れるかなどの学習に大切です。とはいえ、赤ちゃんに意欲があっても口にいっぱいつめこんで危険な場合もあります。

また、周りが汚れるのが困るなど大人の側の事情があって、手づかみ食べの経験が少ないことがあります。逆に、赤ちゃんが食べものを触りたがらない場合もあります。中期食で手づかみ食べをはじめる子もいれば、1歳過ぎ、ある程度固形物が食べられるようになってから、手を汚さないパンやいもやおにぎりなどなら、やっと手づかみする例もあります。

食べものに触るのを嫌がる場合は、無理に触らせなくても、おもちゃやスプーン、歯ブラシなど口に入れても安全

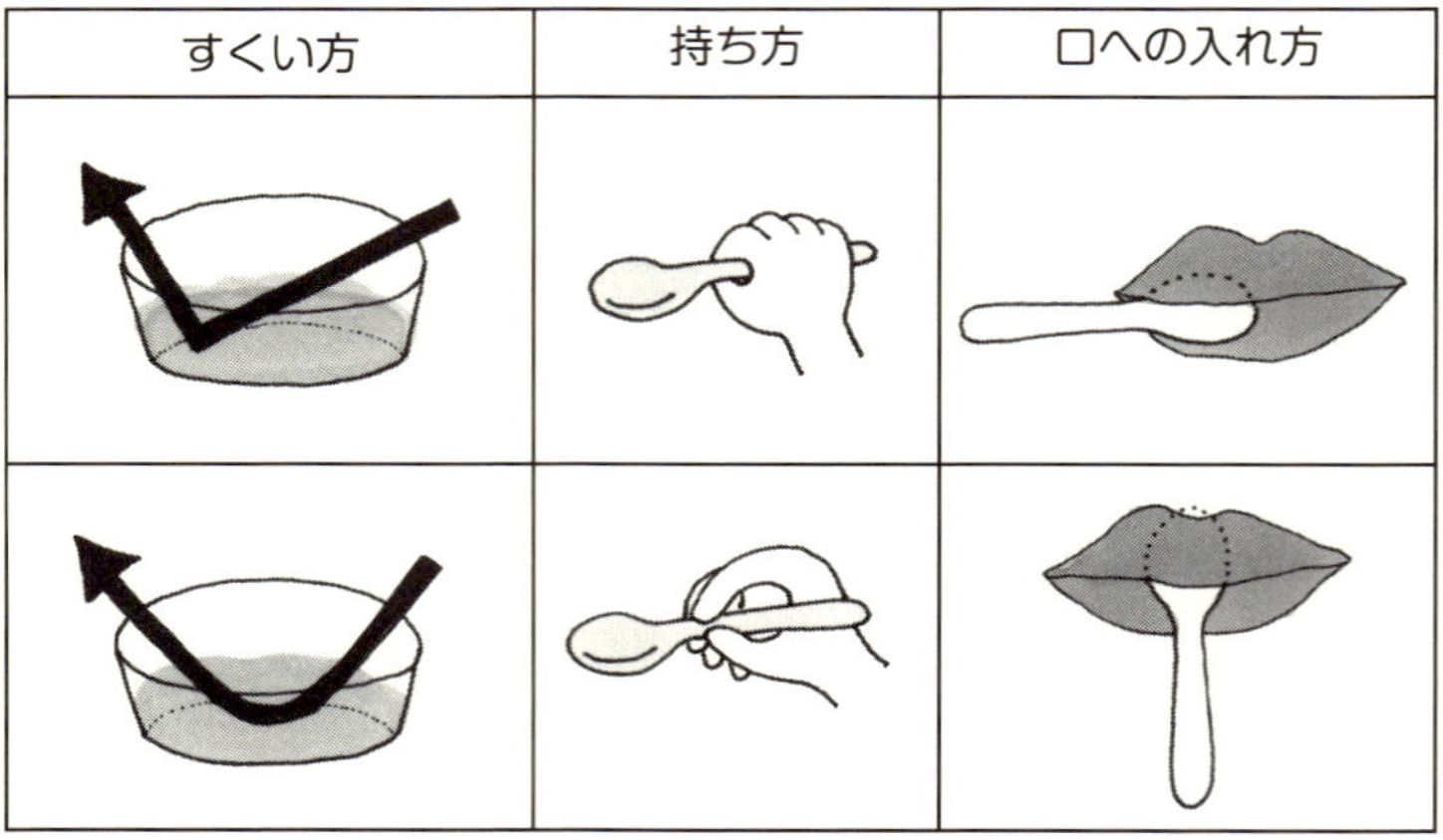

図2　スプーンの持ち方を見る３つの視点

なものを持つ機会を増やしましょう。水遊びや砂遊びなど手の感覚を養う遊びも、食べものの性質を知ることと同じように、「もの」の性質を知る機会になります。大人が見守りながら、楽しくいろいろなものに触る力をつけてあげましょう。食べものもベタックものは触れないけれど、乾いたものは持てる場合があります。

スプーンはいつからでも、持ちたがれば持たせてあげればよいのです。はじめは握り持ちがやっとで、まだすくうことも運ぶこともうまくできません。無理に持たせるのではなく、自分で持って口に入れてみることがよい経験になります。

手づかみ食べは手の運動・感覚・ことばを育てる

手づかみ食べは、手で触ることで食べものの性質を知り、量の加減や口への運び方を学ぶ大切な経験です。

見たものを上手に扱えるようになるには、手指の巧緻性（器用さ）、目と手の協調運動の発達が必要です。折り紙をする場合でも文字を書く場合でも、手指の巧緻性と目と手の協調運動の発達が必要ですが、これは食べる行為など生活の中で発達していきます。

また、手づかみ食べは、手で直接触るからこそ、食べもののかたさ、やわらかさも知ります。1歳過ぎの子に、「お豆腐はやわらかいからそっと持とうね」と言っても、ことばだけではよくわかりません。でも、触わったり、持った時に「やわらかいでしょ。そっと持ってね」と言うと、そういう大人の声掛けの意味がわかるようになっていきます。持たせもしないで、「やわらかい」といってもわかりません。「熱い―冷たい」、「重い―軽い」、「甘い―辛い」というのも、見るだけでなくいろいろな感覚を経験してわかることばです。

そして、信頼できる大人と楽しい食事場面を共有することによって、熱いものにも挑戦できるようになり、多くのことばを学びとることができるのです。「おいしいね」と共感できる関係があってこそ、食べることが上手になっていくのです。

離乳完了の頃には、スプーンを持って自分で食べたがる

手づかみ食べは自分の手で直接食べものをつかむのでうまく口に運びやすいのに対して、スプーンでは、持ったスプーンの先のボール部分に食べものをのせて運ぶため、持ち方、すくい方、食器から口までの方向や口に入るスプーンの角度など、難易度が

増します。はじめは、スプーンを口に運ぶ方向がうまくいかなかったり、一回量が多かったり、こぼれることのほうが多く、手づかみとスプーンの二刀流の時期があります。

フォークのほうが、途中で落ちないことや、突き刺された食べものを唇や顎で引き抜くことができるので、舌の前方にのりやすく、食べものによって使い分けるとよいですね。麺類のかき込みに、小さな割り箸を握り持ちする経験もあってもよい時期です。口が迎えに行かなくても安定して運べるようになるまで、長い道のりです。

さて、スプーンなど食具は持ちたがればいつからでも持たせてあげればよいと思います。ただし、手づかみ食べが上手にできない間は、スプーンで食べるのはもっと難しいと大人は認識しておくことです。

箸となると機能は多彩で、「すくう」や「突く」だけなら試すのはかまいませんが、「はさむ」「つまむ」のトレーニング

の時期ではありません。

スプーンを上手に持って口に運ぶには個人差がありますが、2歳半から3歳頃まで要します。最初は「上から持ち」、やがて「下から持ち」へと進みます。クレヨンを持つのと同じで、親指に対立してあとの四本で握り、握り持ちしていた頃から、親指・人差し指・中指の三本で持ち、肘や手首を使って動かしています。

スプーンでも箸でも、その時その時に発達相応の持ち方があります。手首を安定させ、食べものを上手に口に運んだりできるようになるには鉛筆が上手に持てるのと同じように5、6歳頃まで時間がかかるのです。その頃には、口に入れる角度も的確で、スプーンのボールが口の真ん中から真っすぐに入るようになっていきますが、早い遅いの個人差は大きいと思います。

水分を飲む力の発達

水分も、はじめはスプーンで大人から飲ませてもらいます。離乳中期頃、はじめてコップで飲ませてもらった時には、上下の唇でコップの縁をはさもうとしますが、安定できず、アグアグと噛みつこうとでもしているみたいです。コップを下唇で支えられるようになっても、コップに顔を突っ込むようにして上唇を水面につけます。吹いて遊んでいるようです。それが徐々に唇を突き出してすぼめて吸うようになり、こぼす量も減ってきます。

コップで上手に飲むには、コップを持つ手の動きが調節できること、舌の上に水分がのるように唇を突き出して頬をすぼめる唇と頬の協調した動きも必要です。また、上唇に水分が触れることで、温度も感知し、徐々に温かいものや少し熱いものはそっと飲むことも学びます。

さて、大人から飲みものを飲まされるということは、水分が思いもかけず流れ込んでくるので子どもは緊張します。緊張するとうまく飲めませんから、上手に声掛けしてあげましょう。「お水ですよー」「飲んでみましょうね」などと。

また、どんな飲みものかを認識し、上手にお椀やコップを持って、口までの位置関係から腕の曲げ伸ばしや手指を使って角度を調整するには時間がかかります。経験や

発達によりますが、自分でコップを持って、上手に傾けて飲めるようになるには、1歳代前半の頃でしょう。姿勢、手指の器用さに合わせて、丁寧に援助しましょう。

コップの耳はあってもなくてもかまいませんが、小さな口に大きい、分厚い、重いコップは下唇に固定しにくいので、口に合わせて小さめを選びましょう。

子どもは段階を経て、成長していく

子どもたちは乳幼児期にさまざまな食品や調理形態を経験して、噛むことを学習し、就学に備えていきます。手づかみしかできなかった時期からスプーン、フォーク、箸の使用と食具も拡大していきます。箸をみると、鉛筆は1本、箸は2本、しかも親指・人差し指・中指で1本は開閉し、もう1本は固定して使うなど難しい運動です。子ども用の箸（トレーニング用でなく）の使用が上手になるのは5、6歳からです。箸を上手にさせたいなら、箸そのものより近接する発達がどの段階にあるか見直してみてください。

鉛筆や歯ブラシは上手に持てますか？　鉛筆を親指・人差し指・中指の三指で持てないなら箸は焦らなくてよいです。折り紙やハサミはどうでしょう？

食事中の指導や注意は減らして、食事がおいしい楽しい場面であることを優先させ、「飛び級」せず、全体発達を見ながらゆっくり確実に発達させたいものです。

手づかみで養われる運動と感覚

手づかみ食べも手のひら全体を使った握り持ちからはじまり、うまく口に運ぶには親指・人差し指・中指でつまんで、肩や肘や手首が安定して上手になります。このことがスプーンや箸にも役立っています。

赤ちゃんは、おもちゃや道具がつかめるようになったら、何でも口に持っていきますし、次は投げたり、落としたりが発達です。汚いおもちゃは口に入れてほしくないし、せんべいやボ

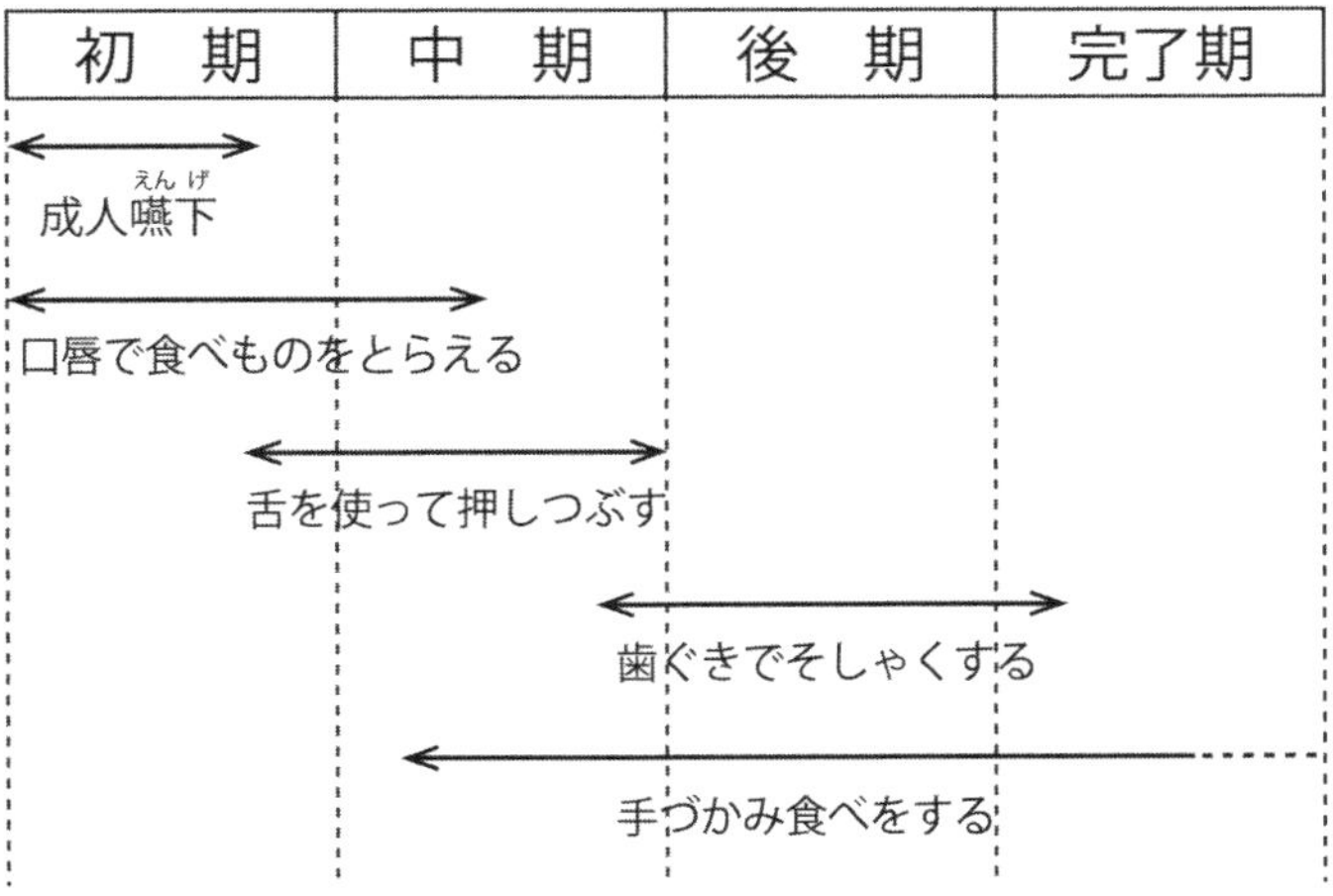

※手づかみ食べは、中期～２歳ころまで、とくに１歳半くらいまでは重要です。

図３　離乳期に得られる食べる機能

ーロは投げられると困ります。でも、そうはいきません。口に入れてみることは食べものの性質を知るという感覚を育て、また上手につまむ運動能力を育てるチャンスです。だから、持たせてあげる、自分で手づかみ食べをするのは、食物の性質を知る、口に運ぶ運動能力を育てる、スプーンやお箸を使うための条件を整えることになります。

言い換えると、手づかみが上手にできることが、スプーンを上手に使うことになります。スプーンの持ちはじめは、握り持ちで器用には使えませんから、指先が発達するまで手づかみ・スプーン・フォークは併用するとよいですね。特に、早くから手を使うことを禁止して箸だけで食べさせようとするのは疑問です。

パンやおにぎり、焼きいも、茹でトウモロコシ、骨つきチキンの山賊焼きなどは大人になってもその時々で、手で食べるわけですから、手づかみ食べも食具の使用も両方が上手になるとよいですね。

逆に大人が食具を与えず手づかみ食べばかりで乳児期を過ごしたり、幼児になってもスプーンとフォークばかりの食べ方では、子どもの成長の機会を奪いかねません。大人が上手に食具を使って食べていれば、子どもは自然と興味をもつ、その時がチャンスです。子どもより大人の食べ方のほうが、問われていると思います。

自食を急がないで発達の個人差を認める

「噛む」ことや食具使用の学習についての早い遅いの個人差は、大きいと考えてください。

乳幼児期から安全性と栄養を考慮しながら、できるだけさまざまな食品や調理形態を経験することは大切です。それぞれの時期には、はじめてのものが食べられないことはありますが、それはあたりまえです。慎重になるのは、安全かどうか判断できないからです。それは好き嫌いではありません。はじめてだから怖い、場面によって食べたくないということもあります。前にいやな経験をしたことを覚えていて食べないとか、「大丈夫かな」と周りの大人の様子を見ている場合もあります。家庭でみたことのないものはなおさらです。実際に食べなくても、

食べものを見る、人が食べる様子を見る、触るのも経験、そういうチャンスを与える時期なのだと考えて、「一口だけ」と無理強いしなくてもよいと思います。

子どもが自分で食べるようになると、大人は、「完食したか」、「食べるスピード」、「食べ散らかし」「スプーンやお箸の使用」「マナー」などに注意がいきがちで、しっかり噛んでいるかは見逃されていることがあります。3歳、4歳、5歳となって、噛めない・噛まないのは、もっと小さい時の宿題が残っているのかもしれません。子どもも自身に弱さがある場合も多いでしょうが、対策には子どもと環境との相互作用によっていろいろな機能が獲得されていくことに注目しましょう。

発達を支える環境には、食べさせる人の関わり方、食材と調理形態、スプーン・フォーク・箸やコップなどの食器具の選択と時期、姿勢のとらせ方（抱き方、机、椅子など）が含まれます。

ちょうどよい一回量を学んだり、熱いものやはじめてのものに挑戦できるのは、信頼できる大人との楽しい食事場面です。よいお手本があったり、声掛けに応じる関係性の中で発達していきます。

食べものを口に入れることに夢中になっているだけではなく、食卓を囲む大人や仲間の様子も見て、「おいしいね」と共感できる関係があってこそ、食べることが上手になっていくのです。食事場面ほど子どもから要求が出やすく、大人からの働きかけに対して反応が出やすい場面はありません。子どもは生活や遊びを通してことばをはじめ、さまざまなことを学ぶのですが、食事場面ほど濃厚な関わりをもちやすく、発達援助がしやすい場面はないと思います。

「早く普通食が食べられるようにしたい」「早くお箸で食べさせたい」など、早く早くと育てるより、じっくりと子どものペースに合っているかを見極め、子どもの発達に合わせて早すぎず遅すぎない最適な時期に合わせて、離乳食も手づかみも食具の使用もすすめる必要があります。特に乳児期は、月齢ではなく、子どもの摂食器官・手指の運動能力の発達に合わせます。

子どものペースに合わせて進めていけば、子どもには負担

がなく、大人の側が努力すればよいということです。大人の都合で子どもに〝迷惑〟をかけることはありません。

最後に自立についても考えてみましょう。

食物アレルギーをもった子どもたちは、家庭や病院で教えられることや、自分でも非常に慎重で、あやしいものは口にしません。ことの深刻さにもよりますが、肥満や成人病の心配があってもなかなか食習慣を調整できない大人もいます。大人になっても好き嫌いの多い人は、直そうにも体調への影響や臭覚・味覚・触覚などに感覚過敏がある人もいます。食べない、食べられないには、必ず理由があります。

成長につれ、食べることは何をどのくらい、いつ、どこで誰となど選択や自己決定の連続です。乳幼児期は与えられたもの・ことに従うことを要求されていますが、自立は何でも食べられるようになることではありません。「食べるものについても、自分で自分のことを決めて相手に伝える」という自立も大切に考えてほしいのです。

子どもが「イヤ」という意思表明をした時、好き嫌いがはじまった、偏食だ、などと決めつけず、自分のことを表現できたことをまず受け入れましょう。健康状態、生活全体、一定期間様子を見て子どもの状態を見極めればよいのです。

なかには野菜の苦味を強く感じて、野菜嫌いの烙印を押される場合があります。大人は、野菜の苦みやくせをおいしく感じるのです。ゆっくり経験し学習するのです。見た目を変えたり（サイズや切り方）、味を変えて（生はダメでもカレーの具材なら食べる、揚げ物にしたら食べるなど）食べることができるのなら、いまは食べられるようにして食べさせてあげましょう。大人の想像力と努力が問われる場面です。

さて、大人から食べものを出されても、子どもにはイエス・ノーだけでなく、「わからない（はじめてだから様子を見ている）」「待ってほしい（すぐには食べられない）」「（こんなにたくさんは）自信がない」など二者択一でない反応が「イヤ」で表されることもあります。

受け入れるか拒否するかちょっと考えさせてあげましょう。

自分のことは自分で決められるように、小さい時から子どものありのまま受け入れて、その人権意識の上に立っていれば、食事時間に苦痛はなく、食生活も広がっていくことでしょう。

おわりに

手づかみ食べは食事より、手指の巧緻性、目と手の協応に注目し、食事場面以外の生活や遊びで発達促進するほうがよいのです。スプーンそのものや箸そのものを食事中に指導すると、おいしく食べる、楽しく食べるが遠のいてしまいます。周りの子が上手に使っていても、「大丈夫、〇〇ちゃんももうすぐ持てるようになるよ」と言って安心を送ってください。保育の中で手の運動性や目と手の協応などさまざまな遊具や遊びで発達促進してきたはずです。それでも遅いからといって特別なトレーニングを考えるより、ありのままの状況を受け入れ、おいしく安全に食べてもらえる環境を整えればよいと思います。

一方で食具を使う機会がほとんど与えられていない場合も考えられます。家庭でもほぼ手づかみ、汁物は椀から直接に吸い込みスプーンも使う機会がない。カレーやシチューにも手を突っ込んで食べているという子もいました。それでも、就学後は成長を確認できました。

子どもは自分の力で発達しますから、大人のできることは環境調整しかありません。

障害や病気があれば、その子に合わせた訓練も必要ですが、その場合は専門家と相談しましょう。発達には個人差もあり、停滞しているように見えたり、ある日突然できるようになって驚かされることもあります。

発達は過程です。子育てはすぐ結論は出ない、出す必要もありません。何歳児だから、今すぐできるようにしたいと思っても、子どもはジャンプのために準備している発達の過程と考えましょう。環境調整はその子に適した食材・調理・食器・食具や関わり方など、大人にたゆまない努力、持久力、忍耐力が求められています。すぐに、何歳までにと結論を求めるのは禁物です。待てばできるようになることを、なんであの時焦ったのかなと思い返す時が必ずやってきます。

心の育ちに応答的に寄り添う食事

東京都八王子市・諏訪保育園園長

島本一男

食事でわかる子どもの気持ち

「食具をしっかり持ちはじめたので一口サイズに肉や野菜を切っておくと、よく噛んで食べていた。声を掛けるとお皿にも手を添えるようになった（1.4歳児）」「自分で食べようとして、手づかみをしながらもスプーンやフォークを持って食べようとしていた。お茶をこぼして遊ぶこともあったが、食事がはじまると集中して食べていた。（1.1歳児）」

乳児の食事中における姿を記録した文章ですが、その育ちをポジティブに見つめると、子どもたちのなかに本来もっている食べることへの意欲や、大人の願いに合わせて一生懸命チャレンジしようとする姿が0歳児からすでにあることがわかります。

しかし、このような子どもたちの育つ力を当たり前のように考えてしまうと、誰でも教育によって同じ発達をするものと思い込んでしまい、教えればみんなできるようになるという考えが強くなり、できない子に対して「ちゃんとしてくれないのは性格の問題」として厳しい対応になってしまうのが子育てです。

この年齢の子どもと食事をすると、いらないものを手で払いのける、人の顔を見ながらわざとお皿の中にある食べものを下に落とすという姿にもよく出会います。払いのけるのは「いらない」という表現がことばで伝えられない分、必要以上の実力行使という結果になってしまうのでしょうが、大人の感情を逆なでします。しかし、その手前で子どもに対して「食べるか食べないかの了解を得るような関わり」はほとんどしていないのではないでしょうか。

そんな時「いらなかったのね、今度教えてね」ということばを添えるのと、強いことばで「ダメでしょ！」というのでは、その先どちらがよいコミュニケーションを取れる人間になるかはおわかりだと思います。

後者の食べものを落とすという行為は無意識というより明らかに、「大人の反応を見ながら落とす」ということをしているので、意識は食べもののほうではなくコミュニケーションのほうに向いています。そのため厳しいしつけではなく、再び食事のほうへ気持ちが切り替えられるような関わりが必要になります。

子どもと食事をするということは、このような複雑な感情のやり取りをおしゃべりしながらたくさん楽しめるチャンスともいえます。だからこそ食事は心を育てることとも密接につながっているのだと思います。

しかし、今は忙しさを理由に子どもと向き合う時間があまり大切にされていないと感じるのです。特に乳幼児が集団で生活するような場では生活全般が流れ作業的になりやすいので、なおさら応答的な配慮が求められるところです。

食事の場ではこのような双方向の楽しいおしゃべりができる環境を意識するだけで、子どもの思いや、よりよく生きようとする姿にたくさん出会うことができます。それを理解することによって、こちらからの願いも伝わりやすくなっていくのです。他者から理解されない子どもが素直に人のいうこと

を聞くはずはありません。

私が「食事はおしゃべりそのもの」であると思っているのはこのような大切なやりとりが日々繰り返され、お互いに育ち合う人格形成にとって大切な時間になると考えているからです。

確かに「ちゃんと食べて欲しい」という気持ちからしつけ、マナーを重視したくなるのもわかります。しかし、「おなかが空いた」「食べたい」「もういらない」などを決めているのは子ども自身です。体調が悪い時や嫌な味を感じた時には食べなくなることもあります。そのサインを感じるためにも食事の時間を子どもとつながる大切な時間として捉え、満足感や、心地よさを感じてもらうコミュニケーションを一番に考えて欲しいのです。

そもそも人間の食事は他の哺乳動物と違いケアが非常に重要な位置を占めているので、そのためにわかり合える時間が人格形成につながっているのです。

食事の時間を大切に思う心

食事の時間を平和で楽しい時間にするには、「食べる」ということにいろいろなことを持ち込まずに、シンプルに子どもたちに楽しくおいしく食べてもらう環境を提供することではないでしょうか。

保育所保育指針は子どもの権利条約を基本にしていますが、「食欲」という生理的欲求を満たす条件も子どもの最善の利益を考える必要があるはずです。

食事をする時にはさまざまな自己主張が出てきます。だからこそ子どもがその自立へ向けて主体的に生活できるような工夫をし、その子の気持ちを受け止めながら、同時にこちらの美意識をもった対応をする必要があるのです。このことをしつけとか保育とか教育というのではないでしょうか。

それでは楽しく平和な食事時間にする工夫について具体的に話してみたいと思います。子どもへの関わり方については先に述べましたので、ここでは環境面について話します。しかし、方法論ではありませんので、子どもの最善の利益が守られるような環境を園全体で考えていく時の参考にしてください。

最初に考えて欲しいのは、食事に向かう時の気持ちの切り替えを丁寧にするということです。

突然「食事の時間ですよ」と声を掛けると、なかにはすぐに気持ちを切り替えられなくて泣いたり怒ったりする子どもがでます。そこを丁寧に対応し「食べる気持ち」を引き出すことがポイントになります。そうなると食べる時の時間差も生まれてきますが、卒園までにみんなで食べる楽しさをどう育てていくかということを考えて欲しいのです。食事の環境としては少なくとも2歳ぐらいまでは一人ひとりの子どもと会話をし、丁寧な対応ができるように少人数で食事をする工夫も必要です。そうすることによって手づかみ食べや好き嫌いの表現などに対してもより丁寧に応答できるようになるからです。

年齢が高くなると配膳も食べられる量も自分で決めてできるようになります。好き嫌いについても自ら頑張ってみようとする気持ちを少しずつ育てて行くことが大切になります。こうした毎回の食事に対する環境をいかに子ども目線で考え、主体的な活動につながるように工夫してみてください。

もう一つ、子どもの自己決定の場ということを意識して食の自立を考えた時に、大きく影響しているのが一緒に食事をしている人の考え方です。今回の手づかみ食べな

どの話も一般論ではなく、食べる意欲の背景に手づかみが起きているという観点や、目の前の子どもの中にある「育とうとするエネルギー」に対して、喜んだり、共感したり、感動したり、そんな心が自分の中にどう育てることができるのかという話だと思います。

一人ひとりの発達は違うから素晴らしい

はじめの記録から見てもわかるように人間が手を使って食べる姿はごく自然なことなのですが、手づかみで食べる子は家庭での食事対応や食事内容もかなり影響していると思います。そもそも私たちは日本食に影響をされての食べ方や作法なので、箸という小さな子どもにとっては非常に難しい食具を使っていることも意識する必要があると思います。その文化や伝統を大切にしながらも心の育ちを考えたケアが求められているのです。

子どもの育ちの違いという点から見ると、誰でも手づかみ食べをしてから食具を使って食べるというプロセスを踏むかというと、そこにもかなりの個人差があります。なかには最初から上手に食べる子もいますし、ほとんど手づかみ食べをしない子もいますが、子どもたちは食具を使いながら手づかみを併用しているという捉え方のほうが子どもの食べ方をよく表わしているのではないでしょうか。

子どもたちは見て学ぶことがほとんどなので、周囲の人が食具を使って上手に食べていれば、それを真似したいと思うのが自然です。しかし、手づかみは食具を使ってもうまく口に運ぶことができない時に、もう一方の手を使ってでも料理を口に運んで食べたいという自然の行為なのです。ここに厳しいしつけ的な対応が入り込むと、子どもも怒ったり泣いたりといった感情的な態度を表し、もう楽しく食事をする環境ではなくなってしまいます。保育者の「お皿をおさえて食べようね」という声掛けに対して、わざと手をぶらりと下に降ろして片手で食べる子もいますが、そんな抵抗をしなくてはならない気持ちになってしまう子どもの日常を考えると、より丁寧なケアが求められていると思うのです。そう考えられる人は子どもが意欲的に食べていることに共感でき、子どもの中に「自分で食べたい気持ち」がちゃんとあることに気づけるので「かわいさ」も感じることができるのではないでしょうか。すると、子どもへのことばもやわらかくなり、食事の場が和やかで楽しいものになり、子どもの中に「食べる意欲」が育っていく環境を提供できるのだと思います。ですから、手づかみ食べが大事だと考えて、好きなようにさせておけば意欲が育つというものでもないと思います。手を使って食べながら、口も洋服もテーブルもベトベトに汚れるのもあまりいい食事の風景だとは思いません。やはり食文化は大人の関わりが非常に重要だと思います。

このような子どもの心の育ちに合わせた食事をするためには、手づかみ食べについて給食会議などで意見交流し、子どもの気持ちを中心においてその対応を考えるという、より専門的な視点をもてるような話し合いが大切になってきます。そのためにも給食の先生や保育者たちが一緒になって子どもへのケアを考えていくことで、園の食事風景が変わります。

食べやすい形状やかたさ、食べる順番、好き嫌い、見た目の色や形、年齢にあった小グループでの丁寧な食事など、よりよい食事風景をつくり出すアイデアをたくさん出し、一緒に考えていくことが、よりよい食育にもつながっていくのです。こうして、保育の現場と給食の先生がうまく連携していくことで、子どもたちの手づかみ食べは、食べることへの楽しみと意欲を育てる体験として捉えられ、大切な成長のプロセスであることに気づくはずです。

手づかみ食べの時期　こんなことに注意して

東京都・西東京市立みどり保育園園長
武田美代子

？　これ、なんだ！

離乳食がはじまりモグモグもうまくなり、お口の動きもしっかりしてきました。かみかみ食べが見られるようになってきた8～9か月頃になると食べる楽しさも増してきます。自分でも食べたい気持ちが出て、手づかみ食べのはじまりです。はいはいもはじまりました。それまであまり動かなかった赤ちゃんもゴロゴロ寝返りしながらの移動から、気づくと前に向ってはいはいしているではありませんか。お部屋にはおもしろそうなものがたくさんあります。

「あれ」を目指して、「よいしょよいしょ」と前進。やっと手にしたものは「はてな?」

まず手に取って眺めてみたり、なめてみたりして、確かめてみます。口の中に入れモグモグ「なんだかおいしくないなー」と、口から「ペッ」と出してくれればよいのですが、なめているうちに「ごくッ」食べちゃった⁉ なんてこともありますね。

この頃の赤ちゃんの周りは危険がいっぱいですね。

手に触れるものは何でも口に入れ、なめてみたくなる時です。それまで自分の指をなめたり、足をなめたりしていましたが、手に持ったおもちゃもなめてみたいのです。手にしたものは何でも口にして確かめていきます。これはおいしい、これはちょっと変、かたい、冷たい、あったかい、やわらかい……とその感触を楽しみ、自分の一番確かな感覚器官である口で確かめるのです。

甘い匂い、いい匂い、臭いなー、と匂いも感じています。

葉っぱや石ころ、棒きれ……外は魅惑の宝庫

お散歩に出かけ、芝生の上に下りた時、そこには珍しいもの

がたくさんあります。「なんだろう?」触って確かめ、手に触れた感触。

「これはなあに?」またまた思わず口にしてみたくなりました。「きれいな葉っぱ!おいしそう」お口に入れて確かめます。「う?」舌触りもよくないですし、期待した味ではありません。顔をしかめている赤ちゃんにやさしく「おいしくないね」と声が聞こえてきました。「おいしくない」ということばと一緒に、気持ち悪い感触を知ることになります。戸外には葉っぱや石ころ、棒きれ等々、おもしろいものがたくさんありますから、魅惑の宝庫といってもよいでしょう。触って振り回したりなめたりと、いろいろな体験を重ねます。大人たちはハラハラ、ドキドキ、片時も目を離すことはできませんが、「ダメダメ」と取り上げてしまったら成長のチャンスを奪ってしまうことになりますね。不快感や違和感を感じ分ける力をつけていくことが大事な時期なのです。

「触りたかったんだよね」

「ふわふわしていい気持ち！」
「おいしかった？」
「気持ち悪かったね」

等々、その行為に共感しながらことばを添え、その行為の是非を根気よく繰り返し伝えていく＝ことばと行為をつなげ、五感を育てる＝大切な時期といえるでしょう。大人も一緒に子ども心を満喫するのもよいかもしれませんね。少しずつ食べるものと食べてはいけないものを見分けられるようになり、異物を口にしなくなってきます。

赤ちゃんの周りには危険がいっぱい

誤飲・誤食のNo.1はタバコです。その他ボタン電池、大人の薬、洗剤、アルコール、防虫剤、香水、マニキュア、クレヨン、お金、石鹸、針、画鋲、クリップ等々、生活用品の大半が異物として考えてよいのではないでしょうか。イヤホーンのパーツやキーホルダーの留め金具、ボールペンのキャップ等も誤飲した報告もあります。

「まさかこんな所の？」「こんなものまで？」と赤ちゃんの行動力にびっくりさせられることもしばしばです。だからといってサークルの中に閉じ込めてしまっては赤ちゃんの意欲を育てることにはなりませんね。

お部屋を見直し、その対策を立て、手の届かない所に配置換えをしましょう。ティッシュだって食べようと口に入れますから、置き場所に工夫が求められます。大人がおいしそうに飲んでいるコーヒーやお酒もその取り扱いには十分注意が必要ですね。子どもが成長する過程で避けて通れないこの時期です。

赤ちゃんの周りを見渡してみましょう。危険なものが手の届くところにおかれていませんか。赤ちゃんの成長に添った生活に順応する術を大人たちが身につけ、赤ちゃんの居場所をつくってあげましょう。

見て、匂いを感じ、触って舐めて、聴いて、感じて、考える力（五感）の育つこの時を大事に過ごしたいですね。

あれ？　いい匂い。食べたい！

戸外で沢山遊び、おなかが空いてきました。調理室からいい匂いがしてきました。おいしいごはんの匂い。食事の時間です。食卓に出されたものはどれもおいしそう。

「食べたい」

思わず手が出ます。自分で食べようという意欲の表れです。調理方法もそれまでのドロドロした食べものから、かじりとれるかたさに変えてあげます。もぐもぐとかみ砕くものへ変化させていきます。手に持てるかたさ、大きさも取り入れるとよいでしょう。「自分で」の気持ちを大事にし、「この食べものを」「自分で」「口に運ぶ」と一層おいしさも増し、嬉しくなります。食べる行為は生きる力の表れでもあります。意欲や好奇心は味覚の発達も促し、唾液の分泌も一層活発となり、消化吸収もよくなります。目で見て、触って確かめて口に運び、口唇でその感触を再び確かめ、口腔内に取り込んだ食物を味わい、ゴックンと飲み込む一連の行為を繰り返しながら、自分で持って食べるものと援助してあげる食べものとを用意して。だんだん上手に食べられるようになるのを待ちましょう。

食べものを口に運ぶまでのプロセス

ではどのようにして食べものを確かめ、手指でつかみ、口に運ぶのかを見ていきましょう。

①手指でつまみ、食べものを確認している様子が伺えます。

②次にその食べものを上手に口に運び、指を離しながら食べものを取り込んでいきます。

③この子はまだ手指がしっかり使えていませんから、手のひらの応援も必要です。

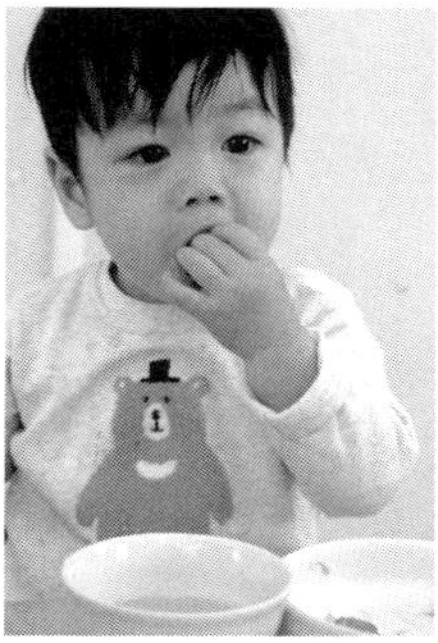

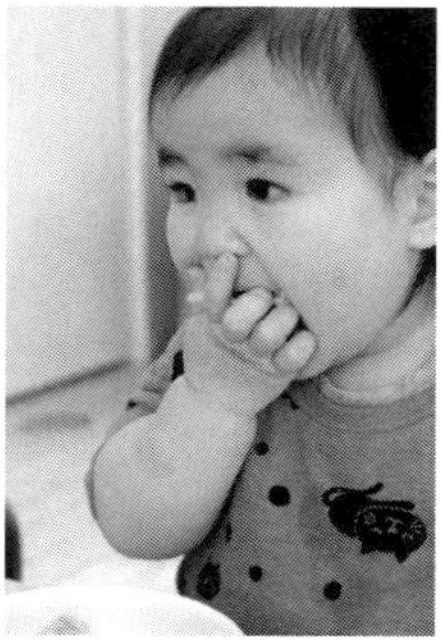

④親指、人差し指・中指がしっかり使えるようになり、持ち方も安定しています。

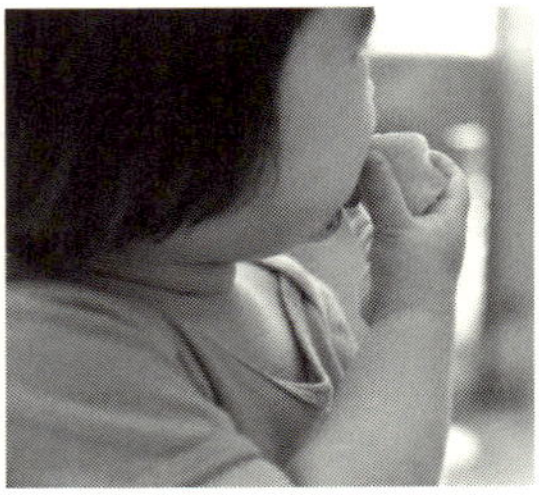

⑤大きいものはしっかりと手で持ち、口に運びます。こぼれないように手を添え、食物を取り込んでいきます。

⑥大きく口をあけ、食べものを取り込み、その後しっかり口を閉じてもぐもぐ噛み砕き、ごっくんと嚥下する。

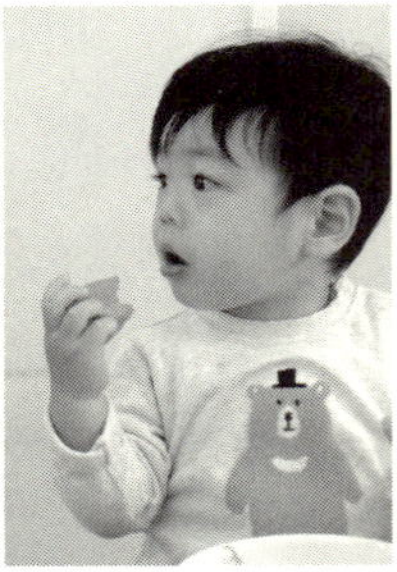

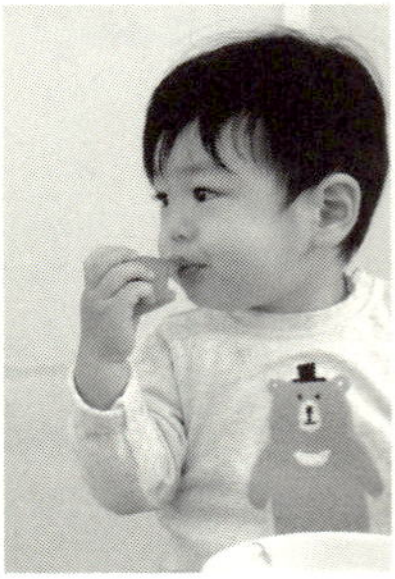

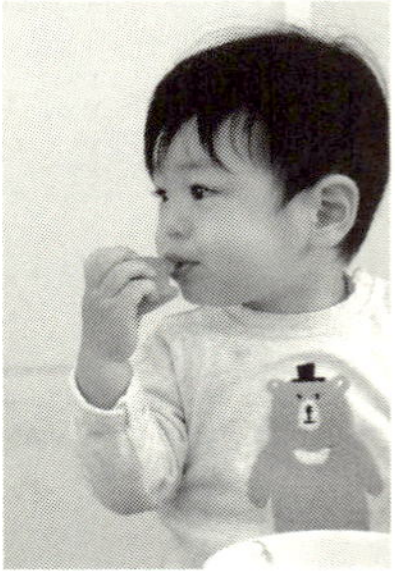

⑦小さい食べものは親指と人差し指でつまみ、口に運ぶ。

⑧自由に手指が使えるには、しっかりと座っていられることが大切です。座位が安定すると両手が使えるようになります。椅子に腰を掛け、足が床に着いていることを確かめましょう。もし足が浮くようでしたら足置き台のようなものを用意するのもいいですね。足がぶらぶらすると座位が不安定になり、食べる意欲が半減します。

食行為は、

①食べものを手指でつかんで、見て確かめ、

②口に運び、取り込み、

③こぼさないようにしっかり口を閉じ、もぐもぐと食べものを噛み砕いて（咀嚼）飲み込む（嚥下）。

という一連の動作を子ども自身が自らの意思で行い、「おいしい！」と、満足を重ねていくことだと考えます。

手づかみでぐちゃぐちゃ。食卓の周りは食べものが散乱し、後のお掃除が大変なことになってしまいますが、一時のことと付き合ってあげてくださいね。食卓の下にシートを敷くなどしてもよいですね。

手指の発達を大切にし、意欲を育てる手づかみ食べ

静岡県・富士市立第三保育園上席調理員　鈴木知実
同上席保育士　岡本なつみ

連携の大切さ　エピソードより

1歳児クラスから入園したMちゃん。園で食べるはじめての給食がカレーでした。用意したスプーンは手に取ろうともせず、お皿が置かれた途端、わしづかみで取ろうとしましたがつかみきれず、ほとんどこぼし、口元に運んでも、口の中には入らず、なすりつけてしまう状態でした。

そこで、保育士と調理員とで相談し、手づかみ食べの第一歩から進めていこうと考えました。実際に子どもの様子を見ながら対応できるように、調理員には毎日援助に入ってもらうことになりました。お茶碗に盛ったごはんだとわしづかみになってしま

うため、一口サイズのコロコロおにぎりを丸めてもらい、つまんで口に運べるように小皿に一つずつ、副菜も同じように目の前で少しずつ盛るようにして、丁寧に関わっていきました。

その子に応じた対応を、その場ですることで、調理員も子どもと同じ目線で見ることの大切さを実感した時間です。子どもの発達に合うように、調理員とその日の食べ具合や形態について話し合い、翌日の給食へつなげてもらいました。

保育の中では「つかむ・つまむ・すくう・ひねる・放す・握る」等の遊びを取り入れていきました。日々積み重ねていくことで、「つかむ」～「つまむ」ができるようになり、夏頃にはスプーンにも興味をもち、保育者の援助を受けながらスプーンを使って食べられるようになり、年明けには、食べこぼしながらも自分で食べる力も育まれてきました。今は2歳児クラスになり、箸を使いはじめています。

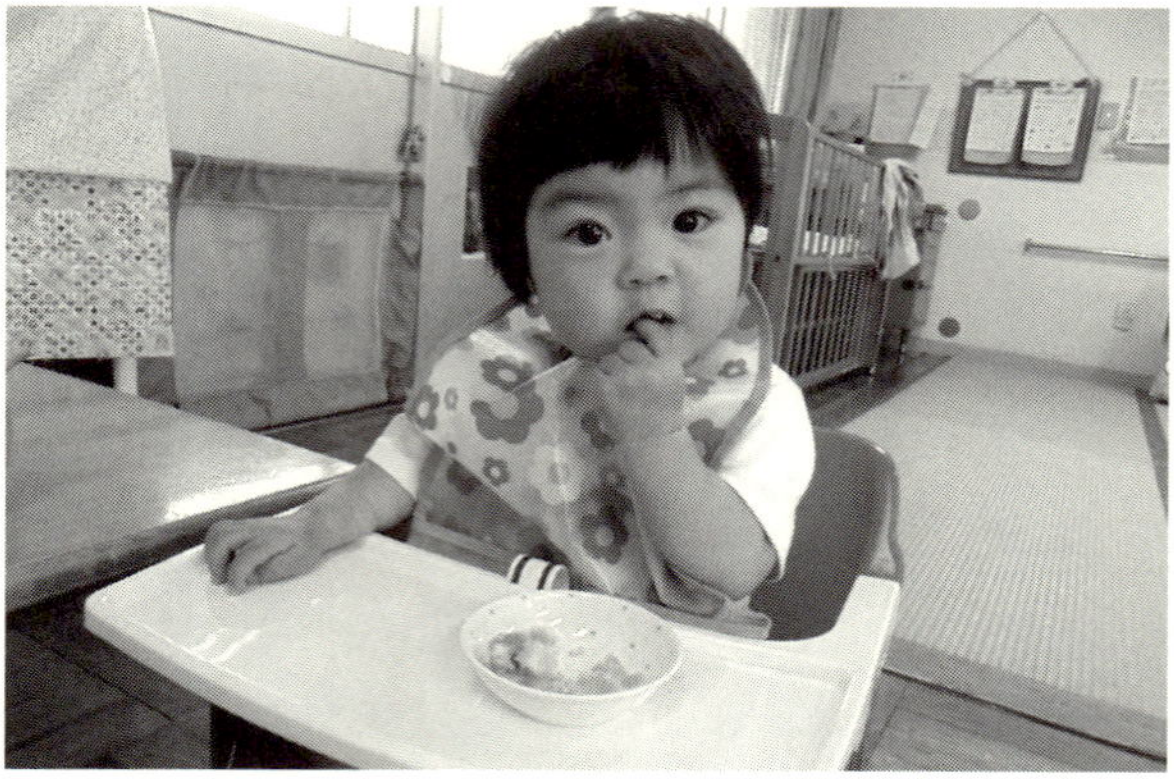

保育園で大切にしていること

いま第三保育園で大切にしていることは、

① 手指の発達を大切にし、手づかみ食べの必要な時期にしっかり手をかけて向き合い、子どもたちが自発的に手を伸ばし、手づかみ食べを満足するまでさせてあげること。

② 食事の時間が手づかみ食べやスプーン等を使う練習にならないよう、遊びのなかで指先を使うようにすること。

③ 手はセンサーでもあるので、さまざまなものに触れる機会を多くもたせ、感じた思いに共感し「やわらかいね」「温かいね」と、応答的に関わるようにすること。

また、月齢や年齢にとらわれず、目の前の子どもの発達や食事の様子に合わせた調理形態を取り入れていくこと。そのためにも保育士と調理員とが日々話し合う機会をもち、子どもたちの食事の様子を共有できるように努めています。

手づかみ食べ
保育園で大切にしていること

大阪府交野市・ぽっかぽか7丁目保育園園長
山西百弥

ぽっかぽか7丁目保育園では、子どもたちの〝自分でしたい〟という気持ちを大切にしています。手づかみ食べを進めていく時も子どもたちの自分で食べたいという気持ちを大事にしています。

保育園では、できる限り手づかみ食べをさせてあげたいと考えています。手づかみ食べをたくさんした子は、食欲も旺盛で、スプーン等も上手に使える子が多いです。手づかみ食べは、子どもがはじめて自分でごはんを食べる第一歩。子どもが自分の手を伸ばして食べものをつかもうとしたその時が、手づかみ食べ開始のサインだと考えています。食べものに手が伸びはじめた時から極力自分で食べられるよう環境を整えていきます。

しかし、子どもたち全員が食べものに手を伸ばすかといえばそうではありません。子ども一人ひとり、個性も発達も家庭環境も違います。手が汚れるのを極端に嫌がる子や、家庭で手づかみ食べをさせてもらえていない子など、子どもによってさまざまな背景があります。保育園では、全員に必ず手づかみ食べをさせているわけではありません。手づかみ食べを促せるよう日々、子どもたちの様子を観察し、保護者とも連絡し合っています。子どもたち、それぞれに見合った方法で寄り添っています。

保育園での手づかみ食べ

離乳食のかたさや大きさは、月年齢で決めているのではなく、その子の咀嚼、嚥下の発達で決めています。そして、基本的に、やわらかすぎず、小さくしすぎないということに気

をつけています。

小さめややわらかめの食事にすると、手づかみしにくいということもありますが、多くの子どもが噛まずに飲み込もうとします。噛まずに飲み込む傾向のある子は、食べても食べても欲しがることが多いです。噛むことで満腹中枢が刺激されるので、食欲が旺盛であればあるほど、かたさや大きさに気をつけて用意しています。

最初は、子どもが持ちやすい野菜をつかみやすい大きさに切り分け、違うお皿に入れたり、直接握らせたりします。もちろん、はじめから上手な子もいれば、握るところから一緒にしてあげないとできない子もいます。子ども一人ひとりに合わせて、進め方を工夫しています。

また、保育園では、0歳児〜2歳児までの縦割り混合保育をしています。食事の時、自分で歩いてごはんを取りに行ける子は席を自由にしています。しかし、食事の介助がいる子たちは月齢の近い子たちを隣同士で食事をさせます。もちろんそのほうが保

育しやすいということもあるのですが、子どもたちはお互いをとても観察しており、必ず自分にできそうなことを真似するということがあるからです。

子どもは生まれた時からよく観察していると思います。そして観察したことをすぐに真似しようとします。自分に都合のいいことを真似しようとするので、周りは振り回されることになりがちです。まさに〝まねっこ子ザル〟ですね‼ そんな子どもたちは隣の子のしていることはすぐに吸収し、保育士が教えるより手づかみ食べやスプーンを使うことがあっという間にできるようになります。とてもいい先生が隣にいるということです。

家庭での場合、同年齢の子と食事をすることが難しくても、家族が一緒に食事をするだけでも子どもは自分で口に持っていこうとしはじめます。子どもは必ず見て真似しようとするからです。

ついつい子どもに食事をさせることに集中してしまいがちですが、ぜひ一緒に食事をしてみましょう。

手づかみ食べで気をつけていること

保育園で手づかみ食べを進める時に気をつけていることは、子どもの自由にさせすぎないことだと思っています。子どもの自由にさせすぎると食事をしているのか遊んでいるのかわからなくなってしまいます。その境界をはっきりさせることはとても大切だと考えています。とはいえ、1歳前後の子どもに長々と説明をしてもわかってもらえることはほとんどありません。保育者のほうが子どもの様子を気にかけ、食べることに飽きてきて遊びに入ってきている時は、食事を介助により終わらせます。食事の時間は食事をすることが目的なので、遊び食べにならないように気をつけています。

駄目な時はしっかり駄目だと伝えることが大切です。駄目な場合とは、主に、命の危険がある場合や他に危害を与えてしまう場合などです。

また、食事などの目的から明らかに逸脱している場合も注意すべきタイミングといえるでしょう。

ある時、2歳くらいのAちゃんの連絡帳を読んで、ほえましく思ったことがありました。納豆が好きなAちゃんが、おうちで、勝手に冷凍庫から凍った納豆を取り出し、それをティッシュでくるんでむしゃむしゃ食べていたそうです。

その話を読んだ後、お母さんに、その時どうしたのか、尋ねました。すると、お母さんはAちゃんが冷凍庫から納豆を出すところを見つけて、その後どうするか見守っていたとおっしゃいました。Aちゃんは、お母さんにとって三人目のお子さんです。私は、さすが！　余裕があるな、と感心しました。

手づかみ食べをさせると後片づけが大変な時もありますが、子どもたちの「いっぱい食べたよ」の満面の笑みに大人も思わず笑顔になります。無理せずお家でできる範囲で大丈夫ですので、ぜひご家庭でも手づかみ食べをさせてあげて欲しいです。

イラスト／あすやんのママ

からだの発達を見て、保育士と調理師が相談しながら

東京都多摩市・かしのき保育園栄養士　大江美保

手をひらいてはう遊びから

かしのき保育園の食事で大切にしていることの一つは、和食を中心にした食事を提供することです。そのことから幼児クラスになると箸を使った食文化・食形態（食事）を伝えるようにしています。

通常の食事の時にマナーを伝えたり、季節の行事食などを体験しながら、大人や友だちと一緒に楽しく食事をすることが、食事をどのように食べることがよいのかを学ぶ機会になっています。

箸を上手に使うことは難しく、小さい頃からの手と腕と肩の運動発達が大切になっ

てきます。

そこで0歳児では、しっかりと手をひらいてはう遊びをするようにしています。手がひらけるようになったら次に腕をあげること、手を握ることなど段階を踏んで遊びの中で学べるように促しています。小さい頃からの遊びを積み重ねることによって、幼児になった時に無理なく箸へとつながっていきます。

食事で大切にしたいこと

試食会や保護者との話の中で、食事で大切にしたいことを話しています。

手づかみ食べも「寝返り」から「はいはい」「つかまり立ち」「伝い歩き」「一人歩き」と同じで、「スプーンやフォークがうまく使えないから仕方

なく……」ではなく、「自分の目で見て食べたいものをスプーンですくって食べるために、手で食べものを握って口に運ぶ」というプロセスをしっかり体験することが大切だといわれています。

●五感の発達

食べもののかたさ・やわらかさ、触感、香りなどを感じてから食べることが五感の発達へとつながっていきます。

●手先の発達

目と手と口をすべて協調させて動かすことは、手先の発達につながります。

おもちゃと違って、強く握りすぎるとつぶれるなど力加減を学ぶこともできます。

●一口の量を学ぶ

大人がスプーンであげる時は量が調整されていますが、自分で手づかみ食べをすることで、自分の口に適した大きさや量を学びます。

●食べる意欲

自分のペースで食べることで、食べることの楽しさや意欲が育ちます。はじめはうまくできなくても援助をしながら繰り返し続けていくことで力がついていきます。

子どもたちの発達と意欲に合わせて

食事の場面では、0歳児の間は口の動きの発達を見ながら、個々にあった形態の食事を提供し、大人に食べさせてもらいます。

1歳を過ぎる頃から、目の前の食べものに手が出るようになります。その時に、子どもたちの様子を見て、手づかみしやすいものを提供するようにしています。おにぎりは、つかみやすいように俵型にしたり、じゃがいもやかぼちゃなどは一口量がわかるように棒状に切って揚げたものを、食事とは別に提供しています。

食事の内容は、個々の子どもの手や腕、肩の発達を見ている保育士と話し合いながら進めています。そのためには、短い時間ではありますが、調理師が子どもたちの食べているところを巡回することも大切にしています。

なんでも手づかみで食べさせるのではなく、子どもたちの発達と意欲に合わせて、その時に合ったものを手で食べるように心がけています。

いろいろなものを手づかみさせると、手に食べもののいろいろな刺激が伝わります。それは五感の発達にとっても大事なことです。

しかし、手が〝汚れる〟ことで、食事に集中できなくなったり、食事のマナーがうまく伝わらないということもあるのではないでしょうか。

食べることが楽しい！

乳児だけではなく、幼児も手で食べられるメニューを取り入れています。

おにぎりやクッキーなど手を使って、友だちと楽しそうに食べている姿をみると嬉しいものです。上手に最後まで食べきれない時もありますが、どのようにしたらこぼさずに食べ終わることができるのかを体験してほしいです。

手づかみ食べを十分にすることで、その後のスプーンやフォーク、お箸などへの移行もスムーズになるといわれています。

遊びの中で、肘を上げたり手首を返してやわらかく動かすことと一緒に、手づかみ食べの経験をたくさんさせてあげてください。

手で食べても食具を使って食べても、子どもたちが楽しく食べられることが一番だと思って調理をしています。

食事は楽しく！食べることが大好きな子に！

広島県福山市・ひよこ保育園給食室

ひよこ保育園では安心して食べられる給食として、国産・地産地消にこだわり、できる限り身近な食材を仕入れて、添加物を含む食品は使用していません。「本物の味を知ってもらいたい」「しっかりとした味覚を育てたい」と、日本の気候・風土に合った「ごはん中心の和食」を心がけています。食品の持ち味を生かせるよう出汁で旨みを引き出すことで、甘味・塩味を控えて薄味にしています。

食べたいという意欲が芽ばえる時

生後7か月頃になると、保育者が赤ちゃんの口にスプーンを運ぶと、そのスプーンをつかんで自分で口に持っていくようになります。食べたいという意欲の芽ばえです。この思いを大事にしながら、保育者が「おいしいね」と声を掛けると、とてもいい表情をしてくれます。この頃を目安に、離乳食にスティック野菜をつけます。大人が手に持たせてあげると、嬉しそうに自分で口元に持っていくようになります。

9～10か月頃になると、だんだん給食に両手を伸ばして口に運べるようになります。自分で食べようとする意欲の表れです。スティック野菜をはじめ具材を手に持ちやすく、口に入れやすい形状にして、自分で食べられるようにし、保育者は必要な時には介助をしますが、ほとんどのものを自分で食べるようにしていきます。その分こぼし量も考慮して食事を多めに用意しています。

コップや汁椀なども両手を添えて飲めるよう保育者が介助すると、こぼしながらも一人で飲もうとして、だんだん上手に持

てるようになっていきます。

この時期、保育室では自分で好きなおもちゃを見つけて取りに行ったり、保育士や友だちのまねっこを楽しんでいます。大好きな人やお友だちと、大好きな遊びを繰り返し楽しみ、信頼関係を深めていく中で意欲は育っていきます。

1歳を過ぎた頃、手づかみ食べが上手になってくるとスプーンを持ちたがります。横にスプーンを置いてあげると手に持ち、すくおうとしたり口に運ぼうとするようになります。たくさんこぼしながらも、自分でしたい気持ちは満足しているようです。手づかみ食べと並行しながら進めて、子どもの個々の発達に合わせてスプーンの使い方も伝えながら、1歳半~2歳ぐらいを目途にスプーンを使って食べられるようにと考えています。

空腹を感じる生活を大切に

おいしく意欲的に食べるために大切なのは、「空腹」であるということです。

しっかり遊び、からだをたっぷり使うことで、「おなかがすいた」という感覚をもち、食事に向かうと、とびきりの笑顔で食欲旺盛に食べています。たとえ苦手なものがあっても、友だちに食べさせてもらったり、大好きな大人や友だちと一緒に「おいしいね」と声を掛け合うことで、食べることができるようになります。「食べることは楽しい」という経験をつみあげていきたいと考えています。

手の感覚を育てる遊びを体験

東京都文京区・慈愛会保育園管理栄養士
高橋まり子

食べることを通して、生きる力の基礎づくり

食べることは、生きることに通じます。乳幼児期の食事は、将来の食生活の基礎となるため、よい食習慣をつけられるように、家庭と園とで連携をとりながら進めています。

なかでも「手づかみ食べ」は自分で食べる意欲の表れです。

手づかみしたいサインとは

●手をのばして食べものをつかもうとした時

●食器をつかんで引き寄せたり、ひっくり返したりした時など、8か月から12か月頃にこのようなサインが見られ、この時が手づかみ食べの表れと考えていますが、個人差が大きいので手づかみしたい時期を見極めていきます。

早い子では8か月頃から、目の前の食べものに手が出はじめ、見たものは何でも口に持っていくようになります。離乳食が並べられエプロンをつけた途端、手が出て、介助のスプーンをつかもうとしたり、食器の端をつかんでひっくり返してしまうこともあります。

そんな姿が見られたら、スティック状にやわらかく煮た人参や大根を持たせてあげます。保育士は手づかみ食べを無理強いするのではなく、ゆったり落ち着いた気持ちで介助します。

10か月頃になると、食べものを認識して手を出すようになります。この頃の食事は歯ぐきでつぶして食べられるような調理形態なので手でつかんだり、つまんだりしやすい形態にします。

自分でコップを持ち、飲もうとする姿が出てきたらコップを取り入れます。

手で触ってその素材の感覚になれる

食事の中で手づかみ食べのサインが出ない場合や、触りたがらない場合は無理に手づかみ食べをさせずに、保育の中で、さまざまな感覚のものに触れる遊びを体験します。

いろいろな素材の布に触れたり、砂・土遊び、散歩先（戸外）でのはいはいなどを体験します。

ベタベタするもの、すべりやすい食べものなど、少し警戒をしながらもいろいろな食べものを手づかみする体験をします。子どもが嫌がるものは無理に手づかみ食べをさせずに、保育士が介助して食べさせます。

手でつかんで口に入れて一口量を知る

食べものは、少し大きめの一口大にして小皿に取り分けます。口の中に押し込み過ぎないように気をつけ、一口量を知らせていきます。

スティック野菜、パンなど詰め込みやすいものは、一口で食べられる量を前歯で噛みちぎるように声掛けをします。

手首、指の発達を見て食具も使います。手づかみ食べに慣れてくると、親指、人差し指で食材をつまんで食べられるようになります。

食具を使う目安は、手づかみ食べが上手にできていること、食具を使いたい意思がみられた時が持たせるポイントと考えています。

子どもたちの発達にあわせて、調理形態を変えていく

乳児期は個人差が大きいので身体の発達と、一人ひとりの食べ方をよく見て、保育士、栄養士と相談しながら、個々に合わせた食事を提供しています。

0歳児クラスは給食室が目の前にあり、一人ひとり名前入りの個別トレーで配膳しています。担当保育士が食事を取りにきた際に、その日の献立の形態や食材などを伝え、食事が終わって食器を下げにきた際に、子どもの食べ方など食事の様子を伝えて

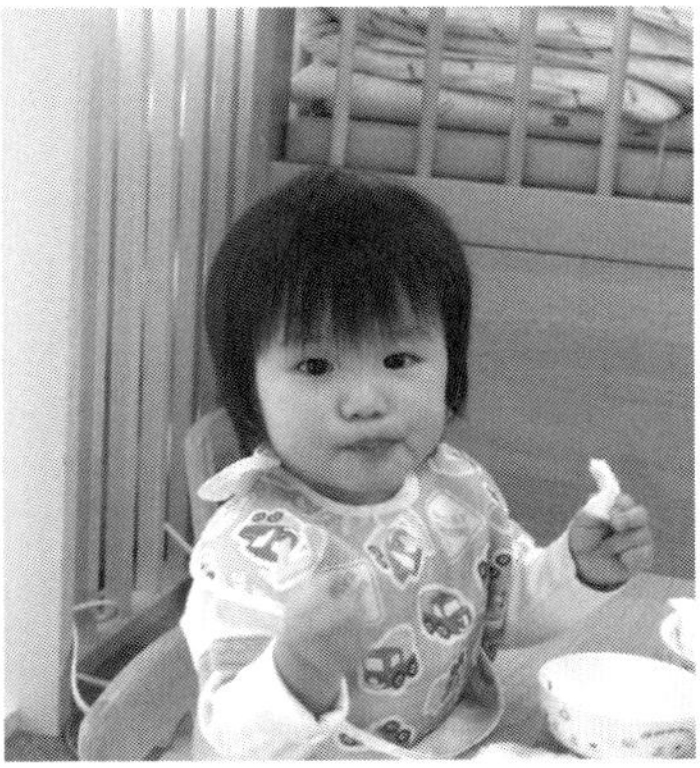

くれます。

実際に栄養士も子どもたちの食事の様子を見ますが、担当保育士から伝えてもらうことで、一人ひとりの発達を相談し合い、食事を進めていくことができます。保育士と栄養士が常に連携し、楽しく食べられる環境が子どもにとって何よりも大切だと思っています。

手づかみ食べの形態

手づかみ食べのサインが出た時はやわらかく煮たスティック野菜（人参、大根など）をつけます。

①スティック野菜……1.5センチ角の正方形で長さが7センチほどのスティック状に切り、昆布だしで煮ます（親指と薬指でつぶせるくらいのやわらかさを目安にします）。
野菜スティックの持ちはじめは、力を入れ過ぎて握りつぶしたり、手で口に押し込もうとしますが、詰め込み過ぎないようによく注意します。

スティック野菜

野菜スティックが上手に食べられるようになると、前歯を使ってかじりとれるようにやわらかく煮た大きめの野菜（人参、大根、さつまいもなど）をつけます。

②大きめ野菜……1センチ～1.5センチの厚さで輪切りに切り、昆布だしで煮ます。

前歯が生えそろったらかじりとりの練習をしていきます。

汁の具の野菜やつけ合わせの野菜など手づかみ（つまみ食べ）しやすいように大きめに切ります。

③コロコロ野菜……1センチ～1.5センチの角切りにして昆布だしで煮ます。

＊手づかみ食べをすると時は毎食、手づかみ専用のお皿を使用します。

大きめ野菜

コロコロ野菜

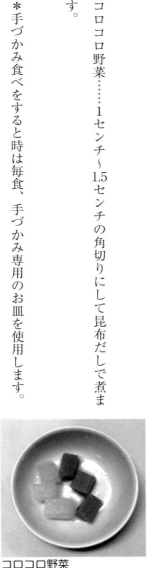

手づかみ食べの時に出している食事

- ごはん
- 鮭のちゃんちゃん焼き
- さつまいもの甘煮
- みそ汁

〈ポイント〉

○手づかみ食べができる一口サイズの小さい丸おにぎりと、前歯を使って自分なりの一口量をかみとる練習用に大きめのおにぎりにします。

○鮭はスプーンに乗りやすい大きさと、手づかみしやすいように一口サイズにカットします。

○さつまいもはかじりとり用に大きめに切ったものと、一口サイズで手づかみ食べが

鮭のちゃんちゃん焼き

しやすいようにします。
○汁の具の野菜やつけ合わせの野菜など手づかみしやすいように大きめに切ります。

【節分の行事食】
- 赤鬼ライス（人参ごはん）
- 鶏の照り焼き（鶏のもも肉）／鶏の肉団子（鶏ひき肉）
- ぶどう豆
- つみれ汁

〈ポイント〉
○手づかみ食べがしやすいように離乳食の子はおにぎりにします。
○鶏の照り焼きは手づかみがしやすいように一口サイズに切り、離乳食用の肉団子も手づかみでかじりとりできるようにします。
○ぶどう豆の大豆とレーズンは親指、人差し指、中指でつまんで食べる〝つまみ食べ〟にちょうどよいです。

節分の行事食

● 菜飯ごはん
● 千草卵
● かぶの含め煮
● みそ汁

〈ポイント〉

○手づかみ食べができる一口サイズの小さい丸おにぎりと、前歯を使って自分なりの一口量をかみとる練習用に大きめのおにぎりにします。

○卵焼き（次ページ参照）は手づかみしやすい一口サイズに切ります。

○かぶも一口サイズに切ります。

菜飯ごはん

具だくさん卵焼き　和風、洋風でもアレンジ可能!!

【材料】子ども10人分

卵	5個
ベーコン	50 g
しめじ	50 g
ほうれん草	100 g
玉ねぎ	50 g
油	適量

【つくり方】

①オーブンを余熱で温めておく。

②ベーコン・玉ねぎは短い細切り、しめじ粗みじん切り、ほうれん草は茹でて、水気を切り、細かく刻む。

③②を炒め、火からおろして冷ます。

④よく混ぜた卵に③を入れる。

⑤耐熱皿に油をひき、④を流し込み、200℃のオーブンで20分焼いてでき上がり!!

オムレツのバリエーション

●じゃがいも・玉ねぎ・牛ひき肉⇒ジャーマンオムレツ

●トマト・じゃがいも・玉ねぎ・パセリ⇒スパニッシュオムレツ

＋チーズ⇒チーズオムレツ

＊かぼちゃ・とうもろこし・ツナ缶などいれてもおいしいです。

＊その他、人参・絹さや・キャベツ・しいたけ・青菜・ひじき・しらすなど、お好みで炒めて卵と混ぜ合わせて塩、しょうゆで味つけすれば具たくさんの卵焼きになります。

手づかみ期の気になるQ&A

らく相談室・言語聴覚士
山崎祥子

Q1

遊んでいる時、なんでも口に入れる乳児に困っています。

A1

「手に触る」「口に入れる」は、大事な感覚遊びで、清潔で安全なものなら大いにさせてあげてください。確かに、砂や粘土、ちぎれてしまう紙などはよく見ていないと大変です。発達の通過点と考えて、安全な感覚遊びの道具や場面を考えましょう。

口に入れてもちぎれたり、溶けたりしないもの、投げても落としても壊れないものがよいです。ボールにはさまざまな材質がありますし、握りやすい木製の積み木、中に入っているものから音が出るものも楽しいです。

触る、握る、打ち合わせる、落とす、投げる、引っ張る、叩く、入れる、出す、はめるなどの操作で五感に働きかけることができます。家庭ではお風呂の湯水も寝室の布団も魅力的な場面です。

Q2

口にいっぱい押し込む子がいます。注意点を教えてください。

A2

手でもスプーンでもいっぱい押し込むタイプの子どもたちがいます。中には、食欲旺盛な子ども、認知が弱い（量やどのような食べものなのか、その性質を理解できていないことがあります）、手先が器用でないなど、同齢の子どもに比べゆっくり発達している子どもたちかもしれません。

口いっぱいに食べものが入ると、口の中で食べものは移動で

きないので丸のみするしかありません。量を調整することは丸のみを避け、咀嚼（歯・歯ぐきでつぶして唾液と混ぜて食塊をつくる）につながります。

安全にも注意が必要です。そこで大人の手助けがいります。小さめにちぎったものを一つずつ与える、全部お皿にのせないで少しずつ与える、小さめのスプーンにする、ことば掛けを丁寧にする、人が食べる様子にも気づかせる、ゆったりとした環境を整えるなど、発達全体と照らし合わせて必要な援助をします。

少しずつ学んでいく時期なので、自分で調整できるまで介助を少しずつ減らしながら成長を見守りましょう。

Q3

離乳食用のスプーンにはいろいろな形があります。どのようなものがよいですか？　また、離乳食をスプーンで与える時のポイントはありますか？

A3

離乳食の開始はスプーンからはじまります。初期食や中期のはじめの、手でつまめないやわらかいもの、大きくなってもスープ状のものは、スプーンが便利です。たとえ手づかみが主な場合でも、大人は子どもの介助に使います。介助用は、スプーンのボールのサイズは大切ですが、持ち手は大人が持つのでどんな長さでもかまいません。

①スプーンのサイズ……基本はスプーンのボール（くぼんだ丸いところ）全体が口に入るサイズがいでしょう。口角から口角が幅、浅めで、先がとがっていないで丸い、ティースプーン状がよいでしょう。

大人の皆さんで考えてみてください。カレーやスープ用の大きなスプーンや深さのあるレンゲでおかゆを食べるとなると、すするしかないですね。レンゲはコップの代わりにすする練習には使えますが、大きくて口に入らないし、深くて唇で食べものをこそげとることはできません。子どもの口のサイズに合うものを成長に合わせて用意しますが、小さめがよいです。

自分で持ちたがるようになったら、持ち手の柄にも配慮します。スプーンの柄は、幼児用としてかわいいデザインのものが出ていますが、柄が大きいとボールも大きく

なりがちなので要注意です。柄は手のサイズに合わせて、持ちやすいものを選びます。家庭にあるティースプーンで、持ち手が平たいものなら特別な乳児用を使わなくても、家にあるものから選んでもよいと思います。なぜなら、口のサイズに合わせてスプーンもだんだん大きくなるからです。はじめから大きめはいけません（図4）。

運動障害のある子どもたちには、介助用・自食用の両方とも個々の特徴に合わせて専門家（作業療法士等）が工夫します。

②口への運び方……離乳初期・中期ではスプーンが視野に入るよう、口に水平に運びます。ことば掛けしながら注意をひいて「○○食べようね」と声掛けします。口を開けたらスプーンの底が舌にのるように入れます。食べものは中期なら三分の二程度を舌の前方にのせます。小さめのスプーンなら全体にのせてかまいません。一回量が多くならないよう、たくさん盛らないでください。

スプーンの食べものは上唇でこそげとることによって舌の前方にのります。スプーンの底は舌に、柄のつけ根は下唇にのるようにすると、上唇が閉じてきます。両唇が閉じるのを待ってスプーンを引き抜くと、食べものは舌の上にのります。

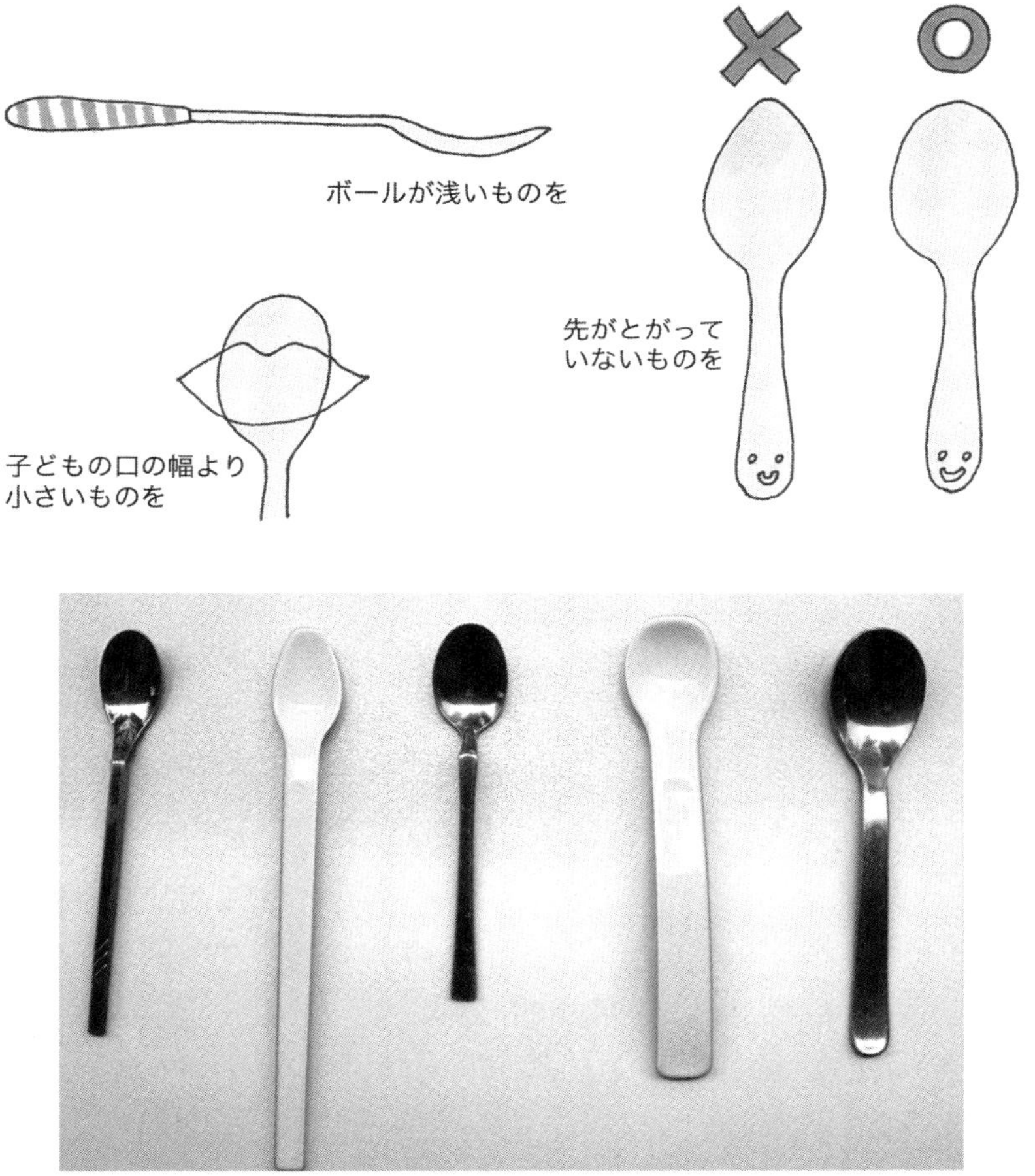
×
○
ボールが浅いものを
先がとがって
いないものを
子どもの口の幅より
小さいものを

ボールの深さ、幅、先の形をくらべてみましょう

図4　スプーンの選び方

「あーんして」の声掛けで大きく開かれた口に押し込んだり落としたりはしないでください。口が開いたまま引き抜くと、食べものは口の奥のほうにおかれたり、上顎につけられたりして、中期の押しつぶしができないまま、ただ飲み込まれるだけになります。声掛けは「おいしいよ」「○○から食べましょう」と食べものに注意を向けます。それを見て聞いて、子どもは自分で必要なだけ口を開けてくれるほうがよいのです（図5）。

③口を開けない……そんな時は声掛けしながら軽く下唇にスプーンをふれます。決してしつこくしたり、無理にこじ開けてはいけません。

触れても開けないのなら「いやだー」と言っているのと同じですから、その理由を探ってください。

子どもはなれてくると、舌の上にスプーンのお尻がのったら、唇を閉じるようになります。唇が閉じたら、スプーンをまっすぐに引き抜きましょう。口に入った食べものが舌の中から前方のちょうどよいところにのります。

図5　スプーンの引き抜き方

子どもの意思を尊重すること、今どうしても食べないといけないものはない……と思いましょう。初期の時点ではまだ哺乳しているので、大人も気を楽にもって、お試ししている時期と考えてください。

④スプーンはどこに入れるか……中期ではスプーンは口の中央に入るのが最適です。後期になると噛んでほしいもの（歯ぐきで噛む）の場合は、左右の歯ぐきにのるよう、口角から交互にのせてもかまいません。歯ぐきには、箸のほうが入れやすい場合もあります。

Q4 スプーンの持ち方にも発達があると思います。いつ頃から上手になるのですか？目安がありますか？

A4

スプーンを上手に持って、食べることができるようになるには、単に持ち方だけではなくたくさんの発達に支えられています。もちろん前提は手づかみ食べができて、並行してスプーンを握るようになります。

いつ頃からという質問には、食環境、個人差もあり、月齢・年齢で答えることは難しいので、発達の順序を把握しておきましょう。

最初は五本指全体で握りますが、やがて親指が他の指と対立して分離し握るようになります。

上手に持てるとはどういうことか、三つの視点から考えてみましょう。

一つ目は、スプーンの柄を上から持っていたのが下から親指、人差し指、中指の三指で持てるということです。

二つ目はすくう動作が直線的だったのが弧を描くようにすくう動作ができるようになります。

三つ目は口への運び方で、はじめは口角から入ることが多いのが、口の中央から真っ直ぐに入ります。

これらの発達を支えるには、体に合ったテーブルや椅子も大切です。足が床に着く高さの椅子で姿勢が支えられるだけでなく、視覚的にも食べものを捉えることができます。食器もどっしり安定していることや、深さもスプーンで弧が描きやすいものがよいでしょう。

Q5 お箸はいつから持たせますか？　どうしたら上手になりますか？

A5

スプーンはいつからでもおもちゃとして持たせることができます。お箸は先がとがっている棒ですから危険です。短い割り箸なら離乳食後期、1歳前後でもテーブルについていて、大人がそばにいる時なら、握り箸でかき込み棒として使用可能です。うどんなど麺類をかき込めますが、すくえても口までは持っていけないもどかしい状態です。片手に食具（スプーンでもフォークでも箸でも）、片手で手づかみ食べしたり、食具に食べものをのせようとしたり、子どもなりに工夫して学習していきます。

箸らしい使用の目安は、鉛筆と同じ形でスプーンやフォークが持てるか見てください。

ナイフは「切る」、スプーンは「すくう」、フォークは「刺す」「押さえる」などの機能を持ち、それぞれの機能にふさわしい形をしています。箸は2本の棒にすぎませんが、「押さえ」たり「刺す」ことができ、また汁の実を「すくい」取ることもでき

ます。魚のようなやわらかな身は箸で一口大に「切り」分けることもできます。

そして箸の最大の特長は「つまむ」「はさむ」「運べる」ということです。ちょっと思いつくだけでも、つまむ、はさむ、運べる、つく、すくう、はがす、寄せる、巻く、押す、分けるなどが思い浮かびます。

箸を上手に持つにはどんな発達が必要でしょうか?

大人を見ても、箸を使うアジアの方々、もちろん日本人の中にも、あれっというような持ち方でも器用に食べる人がいます。逆に日本食ファンの欧米人の中に、正しい(?)箸の持ち方で美しく食べている方もいます。

早い遅いはあっても、いつからでもご本人が認識すればトレーニング可能なので、乳幼児では箸を持たせる機会を与え、上手に箸を使っておいしく食べる大人がそばにいるといいですね。そんな大人の持ち方に憧れるのがいいかと思います。

箸は持てるだけから、より箸の機能を広げることなので、食材や調理法・食器も影響します。細かい指の動きができるには手首の安定がないとできません。たとえば、骨のある煮魚をきれいに食べるには、魚そのものの構造(頭から尾までの骨・皮の様子)や調理によるかたさや味を想像できる経験、食欲なども箸の使い方に影響しますよね。

タブーとして大人なら禁じられる箸の使い方も、乳幼児期にはいろいろな持ち方使い方ができるバリエーションと考えましょう。箸の機能は乳幼児期では突く、刺す、寄せる、すくう、つまみやすいものをつまむなど限られています。おおむねの完成は小学校入ってからの中学年くらいまで余裕をもってください。大人でもうまく持てないけど、おいしく食べている人ばかりですから、その機能のすべてを使いこなしマナーに合った美しい食べ方となると、個人差は否めません。

Q6 手づかみ食べに適した食べものを教えてください。

A6

離乳食中期の後半、離乳食後期になれば、やわらかい固形物も一品加わるとよいですね。

食材の性質でいうと、舌で押しつぶせて唾液と混ざりやすく、持ってすぐには崩れない程度のかたさ、つかみやすいサイズ（1.5センチ前後）がよいです。

たとえば、電子レンジにかけた大根（小さく切って煮るより輪切りのままレンジでチン

するほうがやわらかくなります)・かぼちゃ・金時人参など、季節や地方によって適した食材があるでしょう。つまんでもくずれない、かための絹ごし豆腐もおすすめです。

咀嚼練習期の生野菜スティックは、咀嚼の発達の遅い子には危険です。きゅうりや人参は前歯や歯ぐきで噛み切られても咀嚼できないと欠片のまま飲み込まれます。また、団子や生のパン、カステラ、蒸しパン類はしっかり噛めないと唾液を吸って口の中でかたまり、飲み込むこともできません。噛む練習は、その子の噛める(歯ぐきや歯で細かくし唾液と混ぜる)能力に合わせます。軽くトーストした食パンスティック、やわらかく茹でた人参のほうが噛みやすいはずです。危険のないよう、注意しましょう。

Q7

2歳児をもつお母さんから、「指吸いに困っている」と聞きました。保育園では、お昼寝の時以外には指吸いは見かけません。(保育士より)

A7

お昼寝以外に見られず、保育園での遊びを楽しんでいるならあまり心配はいりません。家に帰宅した頃に、空腹・眠気・退屈などのためにしゃぶっているなら、家事はさておき、さっさと食事して楽しく遊んで寝るようにできるとよいですね。

さて、指吸いが一日中みられるような子どもの場合は、清潔を保つのが難しいこと、歯がそろってくるほど大きくなるまで指吸いが続けば、歯並びに影響が出やすいです。私が一番気になるのは、片手が口に行くので、いろいろなものに興味をもって、両手で遊べないことです。もちろん、好きな遊びになるといつの間にか両手を使って夢中で遊んでいる子なら心配はいりません。

Q8

気になる子どもたちがいても専門家に見せるべきかどうか、また保護者に理解してもらえるか、ついつい「様子を見る」で過ごしがちです。（保育士より）

A8

専門家に見せると何かレッテルを貼られるのではないかと心配して、拒否される保護者がいらっしゃいます。でも、じつのところは親御さんもとても心配されていることが多いです。

Q&A

気になるところがあれば、保育士は保護者と情報を共有するところからはじめます。「少食や偏食」が気になるなら保育所での食べ方の状況だけでなく、遊びや生活、お友だちとの関わりなどを伝えて、家での様子も聞きましょう。大事なことは「食べなくても元気なら大丈夫」なことを伝え、少食ではあっても成長や活動は順調というように肯定的な面もしっかり伝えてください。保育者と保護者の日常のコミュニケーションと信頼関係が大切です。そのうえでお母さんが育てにくいと感じていること、困っていることがないか尋ねてみてください。体重が増えず元気がないなら、「専門家と連携をとりましょう」と言ってください。

少食や偏食のような例では、体格や元気に活動するか、目に見えるわかりやすい状況です。でも、発達が遅い、手先が不器用、ことばが遅い、対人関係が育たないなどは、保護者は心配されていても相談すべきかどうか、言い出しかねている場合があります。この場合でも、できたこと、変化してきたことのプラス面をしっかり伝えて保育側がしっかり見守っている、必要なら一緒に相談に行って参考になる情報を得たいという姿勢を示すことが大切です。医師、歯科医師、保健師、心理士、理学療法士、作業療法士、言語聴覚士などさまざまな分野の専門家が評価をして、その子に合った子育てや保育の工夫を知る機会がつくれます。

私は、「様子を見ましょう」ということばでは不十分だと思っています。その子に合ったよい関わりや援助をしながら「様子を見る」必要があるはずです。

今まで他の子と同じように担任は手をかけてきたのに気になる点が改善しないのなら、積極的に出るべきだと思います。年長の秋の就学検診で発音に問題があると指摘され相談に来た保護者は、保育所の先生に相談しても「そのうち発達します。様子を見ましょう」としか言われてこなかった事例もありました。その子には軽い難聴があったり、他の子では軟口蓋に異常があった例もありました。相談に行って問題がなければ安心を得ることができますし、問題があれば発達促進の方法を共有することができます。ただのレッテル貼りと思わないで、専門家を活用してください。

【執筆者紹介】

山崎祥子（やまざき　さちこ）

らく相談室・言語聴覚士。
1948 年生まれ。1981～1982年高槻赤十字病院理学診療科勤務。1982～1994年京都市児童福祉センター療育課言語障害部門勤務。1994年から、らく相談室主宰。乳幼児から高齢者までのコミュニケーション障害の相談指導を行っている。2002年から、大阪医療福祉専門学校言語 聴覚士学科非常勤講師。2003年から、大島医院（耳鼻科）言語外来非常勤。日本マカトン協会 REP。主な著書に、『新版　子どもの障害と医療』（共著、全国障害者問題研究会出版部）、『アドバンスシリーズ　コミュニケーション障害の臨床　口蓋裂・構音障害』（共著、協同医書出版社）、『言語発達障害学』（共著、医学書院）、『子どもの発音とことばのハンドブック』『そしゃくと嚥下の発達がわかる本』（共に芽ばえ社）など多数。

島本一男　東京都八王子市・諏訪保育園園長
武田美代子　東京都・西東京市立みどり保育園園長
鈴木知実　静岡県富士市・富士市立第三保育園上席調理員
岡本なつみ　静岡県富士市・富士市立第三保育園上席保育士
山西百弥　大阪府交野市・ぽっかぽか７丁目保育園園長
大江美保　東京都多摩市かしのき保育園栄養士
ひよこ保育園給食室　広島県福山市・ひよこ保育園
高橋まり子　東京都文京区・慈愛会保育園管理栄養士

本書は「食べもの文化」№523（2018年4月号）の特集を中心に修正・加筆し、まとめました。

イラスト●近藤理恵
デザイン・DTP●渡辺美知子デザイン室
編集●内田直子

どうしてますか？　手づかみ食べ
自分で食べるはじめの一歩

2019年5月15日　第1刷発行
2022年3月10日　第2刷発行

編著者　山崎祥子・食べもの文化編集部
発行者　安藤　健康
発行所　株式会社 芽ばえ社
東京都文京区小石川5丁目3-7　西岡ビル2階
TEL 03-3830-0083　FAX 03-3830-0084
メールアドレス info@tabc.jp
ホームページ www.tabc.jp

印刷・製本　株式会社 光陽メディア

ISBN978-4-89579-408-4　C2077

www.tabc.jp/

食べもの文化@芽ばえ社

食べもの文化

年間定期購読のご案内

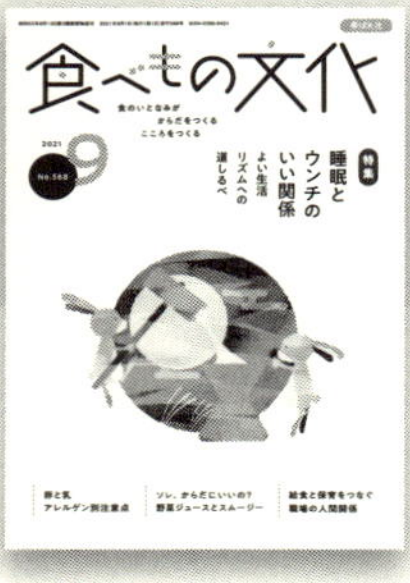

『食べもの文化』誌の年間購読をオンラインショップでご購入いただくと、
通常号12カ月＋5月増刊号を送料無料でお届けいたします。
この際にぜひサイトにお立ち寄りください。

line

オンラインショップでの年間定期購読で、
送料分 約**1,000**円が**お得**になります！

通常年間購読の場合 **13,088**円（税込+送料含む）

オンラインショップでご購入の場合 **12,100**円（税込+送料含む）

クレジットカードでお支払いができます。
VISA ／ Mastercard ／ JCB ／ Diners Club ／ アメリカン・エキスプレス
PayPay、現金でのお支払いも可能です。

編集・発行　株式会社 芽ばえ社
〒112-0002　東京都文京区小石川5丁目3-7　西岡ビル2階
tel. 03-3830-0083　fax. 03-3830-0084

スマートフォン こちらからどうぞ ▶